Dos gatos

en un libro de naikus

Álvaro y Andrés Pirrongelli

Dos gatos chiflados en un libro de haikus

Título original: **Dos gatos chiflados en un libro de haikus**

Primera edición en castellano, marzo 2019
Segunda edición en castellano, mayo 2021

ISBN: 9781798673706
Sello: Independently published

*A todas las personas que se paran a reflexionar
acerca de otras personas que se paran a
reflexionar sobre ellas mismas*

Prólogo

Estos haikus escritos con la paciencia de un viejo artesano, con la torpeza de un aprendiz, escritos durante un paseo entre arbustos aromáticos, escritos cualquier fría tarde de invierno desnudo en la cama, escritos junto al limonero del patio, simplemente escritos con la mirada perdida de la contemplación.

Un día olvidado entre tantos, comenté con mi hermano acerca de un haiku concreto que había leído, en ese instante decidimos juntar nuestras energías en algo que por su brevedad parece sencillo, pero encierra un destacable vigor de creatividad y una manera diferente de percibir el mundo. Así, cada uno maduró sensaciones y estados de conciencia, para hacer posible estas pequeñas reflexiones que se deslizan serenas en forma de haikus a ras de piel como un perfume y que atraviesan cualquier puerta dimensional para penetrar del revés en esta existencia y mirar con los ojos que miran un espejo.

Álvaro Pirrongelli

Dos gatos chiflados en un libro de haikus

Parte 1:

"Y ahora chilló desesperadamente, con todas sus fuerzas, olvidando su orgullo y todos sus prejuicios. Chilló porque supo verdaderamente que iba a morir"

Los lobos de Nevada, Silver Kane

Quién es artista
siente la monotonía
y la sopa fría

En el ahora
forma seis direcciones
sucio, flamante

Al irse el sol
es el viejo estanque
niño huérfano

Espejo libre
calidad de conciencia
reguero de luz

Confiesa triste
algo que busca, pero
no es tangible

Cae la noche
amorosa urgencia,
sexo sonámbulo

Al pie del alba
lo han llamado monje
sin hablar nada

De un bocado
al sol del mediodía
cordero tierno

Vamos al patio
un libro bajo el brazo
trenes y gallos

.

Me piden hechos,
encima de la mesa
pongo los pies

No me he ido
eternamente aquí
siempre estaré

Y era otoño,
quería una canción
junto a los árboles

Desnuda roca
dibuja los paisajes
por montañosa

Pasó el ayer
por donde fue a dormir
esa estrella

Suena la flauta
bandada de pájaros
dos luciérnagas

Con la oscuridad
será larga la noche
en la soledad

Pagar los vicios
en el mundo flotante
como un ratón

Abre las velas
por el océano va
este barquito

Nos imaginé
los dos en la bañera
varios deslices

Pies exquisitos
vereda de las huellas
en lindo vagar

16

A veces debo
retroceder dos pasos
para saltar más

Entre los hombres
estiércol de necedad
apesta el aire

Notoria yerba
la fuente cristalina
cierva tintada

Trinos, la cama
abrazados al amor
tornan los trinos

En la solapa
escribe su teléfono
de bombardeo

La curiosidad
con su propia razón
de gran misterio

Tener decisión
de un objetivo mayor
es pura acción

Los camélidos
fijan el horizonte
en su montaña

Cosa sagrada
debe hallarse lejos
del vil dinero

                              Luz de cabaré
                    un suelo deslizante
                          feas máscaras

El señor gato
en los platos de teja
bebe la luna

                              Posos de café
                    sueños de muchas cosas
                        que nunca fueron

Ojos de gata
a las doce y media
para alegrarnos

Bebidas con gas
vodevil ilusorio
suben las ratas

En un dos por tres
arriba y abajo
perro anónimo

Conquistadores
de madre extremeña
nunca se rinden

El pordiosero
con manos escuálidas
llena mil vidas

Aquella noche
de leña quemada,
labios ahumados

En la cabeza
una mosca parada
para la burla

Van unas nalgas
con su gracioso vaivén
sumando bizcos

Piernas de cisne

como pato gigante

salen huyendo

En cubo triste

la gota que gotea

le lloricanta

Ahí delante

en la encrucijada

él, a sí mismo

Nada perturbe

las mil formas del dolor

bajo el árbol

Último whisky
me reuniré contigo
desorientado

Mas si te pierdo
luz hermosa, aún las
estrellas rigen

Tira las cartas
mapa de este viaje
loco juguetón

A veces una
patada en el culo
es sólo eso

Hedor a diablo

bosques apasionados

bastas diabluras

En las ramas no

busques lo que hallarás

en las raíces

Sombras de garchar

en esta habitación

aún se mueven

Entre los cactus

espera y espera

para mirarla

¡La lluvia!, grité

¿qué lluvia? me preguntó

¡es fantástica!

Parte 2:

"Yo no tengo nombre, porque no tengo semejantes con quien compararme. Mi mundo era como una nube de gas, donde mis células eléctricas se movían en estado de perfecta placidez. La materia no se había transformado aún"

Hombre de cristal, Peter Kapra

Sigue tus pasos
sólo ellos te podrán
llevar hasta ti

                              Quizás el viento
                            se pare ante tu ser
                                al en ti creer

Tierra en tus pies
recorren el camino
cierto destino

                              Marchito nacer
                            crepúsculo dorado
                                raíz al cielo

Una condición
de saber un secreto
es el silencio

Cuando no queda
encontrarás manera
y así llega

Qué tan útil es
la palabra vacía
sin energía

Como quieres que
te quiera si no puedo
ni yo quererme

Quebrantahuesos
quebrando los límites
que yo imité

Como tú eres
no es como tú crees
es como te ves

Santo Pecado
guardo lo confesado,
cielo infernal

Rectanguloso
temprano y hermoso
grito del oso

Metiendo mano
con mi pequeño muñón
llegué a tocar

Cuatro ruedas que
navegan por asfalto
cubren espantos

Si no me miras
cómo podemos llegar
a saber vernos

Sumergido en
las nubes, respiro el
agua, siendo yo

Parca sonrisa
señala con el dedo
un nacimiento

Pisotón ciego,
manotazo estéril,
frágil estado

Ojos sinceros
sin miedo para hablar
siembran la verdad

Gatillos sueltos
los perritos calientes
tela araña

Tropecientos de
millones de ideas,
una palabra

El viento toca
las notas metálicas
en parpadeos

Salto a salto
entre nubes moradas
ando descalzo

Parte de tu ser
es querer y conocer
tus dulces sombras

Magnética luz
faros como cíclopes,
colmena solar

                    Exporta hacia
            dentro, importa hacia
                fuera, sin mirar

Todas a la vez
rompió cada lámpara,
igual es ciego

                    Fuerte, fuerte tú
                déjate llevar a ti
                sabrás donde ir

El onírico,

suave tormenta mental,

despierta a él

                        Crujen los tallos

                    maderas en hogueras,

                    tambor de guerra

Que mi sexo en

tu bikini rojo es

placer mundano

                        De tanto pensar

                    te creció la cabeza

                    sin dos orejas

La maravilla
escondida a la luz
sin oscuridad

Serpenteante
el hermoso camino
con alegría

¿Cómo te llamas?
eres todo encanto,
mentira llámame

Trascender todo
límite material, sin
ser superficial

Roca a roca

montaña a montaña

crece la Tierra

Parálisis son

origen de momentos

inexistentes

Aves nadando,

existencia mutadora,

peces volando

Son los deseos

aroma sutil de flor,

embriagan el ser

Tan pronto como
sepamos escucharnos
podremos vernos

Si lo consigo
me prometo no volver
a dejarlo ir

Cómo poder ser
sin querer ni parecer
fiel a mí mismo

Me dijo el mar
que el río quería
ser la montaña

De tanto soplar
se llenó a sí mismo
flotando al Sol

Entre estrellas
caben mil universos
llenos de besos

Que simple tiempo
que imperecedero
pensamos que es

Y cuánta pasión
guardada en rincones
llenos de flores

Ojos de sapo
lengua de anaconda,
falso hechizo

Prácticamente
estudio a la gente;
cuanto demente

Late y late
el corazón terrenal
oyendo amar

Este silencio
escuchando lo que soy
forma eterna

Valora el Sol
al llegar el invierno
querrás su calor

Tiempo al tiempo
la joya que yo tengo
comparto, siembro

Resplandeciente
ser habitante entre
profundas sombras

Sin sentir lo que
siento que llevo dentro
presiento sin ser

El consejo es
la mascota en boca
del que ha dicho

La intuición
al cerebro humano
da mutación

Poco a poco
el tiempo quita lo que
puso el ego

Sin saber el qué
te confieso el cómo
del porqué somos

Las olas del mar

silban a tu ser lo que

de verdad eres

Diálogos

Primer diálogo

"¿Y para qué sirve el arte?" – preguntó Andrés.

"El arte es un mundo vivo, son enigmas de nuestra naturaleza, reflejo de las relaciones humanas, de nuestros pensamientos y experiencias… pero quizás nunca tengamos la respuesta para quién se haga esa pregunta.

Nunca seremos capaces de entender por qué hacemos arte" – dijo Álvaro.

"Tal vez, hermanito. Cada individuo lo experimenta de manera individual. Tú interpretación puede estar muy lejos de la mía".

"Un artista tiene unos ojos mágicos, pues puede ver lo que no está a simple vista. Tiene unos oídos prodigiosos, ya que puede escuchar lo que está oculto en las palabras y los sonidos. Posee unas manos únicas que le permiten fabricar todo aquello que imagine. Un artista puede entrar en los sueños, acercarse a la divinidad y viajar a otros universos.

Eso es la creatividad, hermanito. Crear algo relevante y original. Aquello que otro, por dormido, no es capaz de expresar".

"Creo que se trata de un acto de amor. El artista desea transmitir la belleza que es capaz de observar para que perdure en el tiempo. Es inspirador".

"Nos hacemos viejos. Caminamos fatigados. Los días se pierden y la joven fantasía se aleja".

Aquellos días pasaron por nosotros, labraron sueños e inquietudes. Aquellos años de verdades y mentiras, llenando nuestros espíritus, y ahora podemos tejer el paño de estos haikus, puntada a puntada.

"¿Quién llama a la puerta?" – preguntó Álvaro.
Con la gorrilla nueva y esa misteriosa magia. Tenía los encantos, los trasiegos y hechizos. Nunca regaló su sonrisa. "Es tu musa" – dijo Andrés

Segundo diálogo

Estábamos sentados en un banco del parque. Los perros jugaban a nuestro alrededor, sin alejarse demasiado. La noche entraba en su fase más oscura mientras un grupo de nubes ocultaban la luna.

"Puede que se ponga a llover en unos minutos" – dijo Andrés. "Puede" – dije mientras encendía un cigarrillo. Eso no nos preocupaba. A veces no basta el uso de un solo sentido, sino que es preciso emplear otros al mismo tiempo, o bien atender a las circunstancias que nos pueden prevenir contra la ilusión de la matrix. "Creo que percibimos el mundo que nos rodea por la sensación de comparación" – dije. "Continuamente estamos comparando"

"Cierto" – dijo Andrés. "Un ciego no juzga las distancias, ni los tamaños"

"Solo juzgaría si adquiere el sentido de la vista" dije. "Así creemos hasta abrir los ojos, solo aquello que vemos".

Llamamos a los perros ante la posibilidad de un aguacero.

"¿Venceremos alguna vez a la ilusión?" – pregunté.

"Hermanito, ya la vencimos"

"Despertar al borde del abismo es aterrador. Conocer la verdad de nuestra realidad es doblemente aterradora, pero es sumamente placentera si se acepta"

"¡Es increíble esa sensación de libertad!"

El susurro del viento y las primeras gotas de lluvia dejaron pasar la claridad de la luna. Los animalillos nocturnos se movían incómodos.

"Vamos para casa que esto se pone feo" – dije

"Al menos tú tienes compañía esta noche tan desapacible"

"Afortunadamente las mujeres también son sumamente placenteras".

Tercer diálogo

Ya hemos estado aquí. En la gota de lluvia, en el grano de trigo, en los rescoldos crepitantes, en el viento de tramontana. La vida no es buena ni mala. La vida es dura. Y a veces es cruel. Victorias y derrotas se alternan, y según el día nos convertiremos en perseguidores o en víctimas.

"Quiero aprender a *"ver"*, hermanito. Mi vida es una continua derrota"

"Olvida el recuerdo de la humillación. Olvida el efecto de la sangre, la flema y la bilis. Somos animales que necesitan conectar con su entorno primitivo. Nos parecemos a nuestros progenitores y más nos asemejamos, por convivencia, con nuestros contemporáneos"

"Entiendo. Aquel que no se deje llevar por el rebaño y se domine a sí mismo tiene mucho camino adelantado"

"Sí, y tanto necesidad como curiosidad nos llevaran lejos, aunque sea solos. Un viajero poeta, ese soy yo, atravesando una inmensa soledad, me distraigo en meditaciones, me distraigo en sucias habitaciones, me embeleso con la belleza. Mi alma alberga una extraña fe inaccesible, ¿pero de que me sirve seguir buscando?"

"El viajero siempre es obsequiado, hermanito"

Printed in Great Britain
by Amazon

35912273R00031